USAGES LOCAUX

DE

LA VILLE DE PARIS

1840-1898

PARIS

MARCHAL et BILLARD

IMPRIMEURS-ÉDITEURS, LIBRAIRES DE LA COUR DE CASSATION

Maison principale : Place Dauphine, 27
Succursale : Rue Soufflot, 7

—

1899

USAGES LOCAUX DE LA VILLE DE PARIS

1840 – 1898

COMMISSION DES USAGES DE PARIS

USAGES LOCAUX

DE

LA VILLE DE PARIS

1840 - 1898

PARIS

MARCHAL et BILLARD

IMPRIMEURS-ÉDITEURS, LIBRAIRES DE LA COUR DE CASSATION

Maison principale : Place Dauphine, 27
Succursale : Rue Soufflot, 7

—

1899

Tous droits réservés.

Les Usages locaux de la Ville de Paris, tels qu'ils sont indiqués ci-après, ont été recueillis par MM. les Juges de paix de Paris, sur le rapport d'une Commission nommée par eux et présidée par M. Le Vasseur, doyen, d'après la Jurisprudence des Tribunaux Civils et de Commerce de la Seine et après renseignements pris auprès du Conseil des Prudhommes, des Chambres syndicales des Patrons et Ouvriers, des Commerçants, etc.

Août 1898.

USAGES LOCAUX

DE LA VILLE DE PARIS

I

1. Distances à observer entre les héritages pour les plantations.

(Article 671 du Code Civil.)

2. Dans Paris aucune distance n'étant imposée aux plantations d'arbres, arbustes ou arbrisseaux, ces plantations peuvent, d'après l'usage, avoir lieu jusqu'à l'extrême limite des jardins, sauf l'élagage.

3. Les arbres, arbustes et arbrisseaux de toute espèce peuvent être plantés en espalier de chaque côté du mur séparatif, sans que l'on soit tenu d'observer aucune distance ; mais ils ne peuvent dépasser la crête du mur. Si le mur n'est pas mitoyen, le propriétaire seul a le droit d'y appuyer ses espaliers.

II

4. Distances et ouvrages intermédiaires requis pour certaines constructions.

(Article 674 du Code Civil.)

---

5. Les règlements de la coutume de Paris sont encore en vigueur aujourd'hui. Les articles de cette coutume sont ainsi conçus :

Art. 188. — Qui fait étable contre un mur mitoyen doit faire contre-mur de huit pouces d'épaisseur, s'élevant en hauteur jusqu'au rez de la mangeoire.

Art. 189. — Qui veut faire cheminée et âtre, contre le mur mitoyen, doit faire contre-mur de tuileaux ou autre chose suffisante, de demi-pied d'épaisseur.

Art. 191. — Qui veut faire aisance de privés ou puits contre un mur mitoyen, doit faire contre-mur d'un pied d'épaisseur ; et où il y a puits d'un côté et aisance de l'autre, suffit qu'il y ait quatre pieds d'épaisseur de maçonnerie entre deux, comprenant les épaisseurs des murs de part et d'autre ; mais entre deux puits suffiront trois pieds seulement.

Art. 192. — Celui qui a place, jardin ou autre lieu vide, qui joint immédiatement au mur d'autrui ou au mur mitoyen et qui veut faire labourer ou fumer, est tenu de faire contre-mur de demi-pied d'épaisseur ; et s'il y a terre jectisses ou rapportées, il est tenu de faire contre-mur d'un pied d'épaisseur.

Art. 217. — Nul ne peut faire fossés à eaux ou à

cloaques s'il n'y a six pieds de distance en tous sens des murs appartenant aux voisins ou mitoyens.

6. Les dispositions des articles 189 et 190 de la coutume de Paris sont générales et s'appliquent à toute espèce d'âtres, forges, fours ou fourneaux.

7. Il est néanmoins admis que s'il ne s'agit que d'un fourneau potager à établir dans une cuisine d'une maison particulière et lorsque le mur auquel il doit être adossé est de bonne maçonnerie, le contre-mur n'est pas nécessaire et le fourneau n'a pas besoin d'être isolé du mur.

8. Si, néanmoins, au lieu d'un mur il n'y avait qu'une cloison, il faudrait indispensablement un contre-mur d'épaisseur et de maçonnerie telle que la cloison ne puisse souffrir par le feu. Il devrait être de de toute la longueur du fourneau et l'excéder en hauteur.

9. Mais s'il s'agissait d'un fourneau ou potager de la cuisine d'un rôtisseur, d'un restaurateur, ou, en général, d'une cuisine où le feu est considérable et presque continuel, dans ce cas on ne saurait prendre trop de précautions afin d'éviter l'incendie ; aussi contre-mur d'un demi-pied d'épaisseur et isolément d'un demi-pied, tout doit être pratiqué.

10. Quant aux forges destinées à la fabrication des enclumes et des essieux, qui ne peuvent être établies sans l'autorisation préalable de la police, de même que tous établissements dangereux et désignés dans les décrets et ordonnances, leur formation n'est permise qu'après que l'autorité a acquis la certitude que par les travaux qu'elle a prescrits ils ne peuvent ni incommoder les voisins ni leur causer de dommages. Il ne suffirait pas, pour leur établissement, de se conformer à l'usage.

11. S'il y a puits d'un côté et fosse d'aisance de l'autre, c'est au voisin qui construit le dernier de ces objets à donner à son contre-mur toute l'épaisseur voulue par la coutume et à pourvoir au défaut de contre-mur de l'autre construction, et si le mur intermédiaire avait déjà toute l'épaisseur voulue, il devrait toujours et dans tous les cas faire un contre-mur qui aurait au moins 0^m33 centimètres d'épaisseur, surtout celui de la fosse.

12. La longueur de ce contre-mur doit être telle que les urines en filtrant ne puissent pas attaquer le mur par les extrémités du contre-mur. Pour éviter ces inconvénients, on exige que le contre-mur autour de la fosse soit de la même longueur que le mur, de manière que les matières soient renfermées comme dans un pot.

13. Relativement aux magasins de sel ou amas de matières corrosives, si le mur est mitoyen ou susceptible de le devenir, on doit établir un contre-mur en bonne maçonnerie de 33 centimètres d'épaisseur et un mètre de fondation.

14. Toute exploitation de carrières, pierres à bâtir, moëllons, pierres à chaux, plâtre, etc., est interdite par les règlements des 22 et 4 juillet 1813 (art. 54 et 57).

15. Les mares, fossés, citernes et réservoirs d'eau ne pourront être établis qu'à une distance de deux mètres du mur du voisin ou mitoyen.

III

16. Clôtures.

(Article 668 du Code Civil.)

---

17. Comme l'obligation de se clore jusqu'à une certaine hauteur (dix pieds du rez-de-chaussée compris le chaperon, d'après l'article 209 de la coutume de Paris), l'usage a consacré que lorsque deux voisins sont d'accord, il leur est libre de faire les murs de clôture mitoyens qui séparent leurs héritages plus ou moins hauts pour plus de sûreté et pour conserver plus d'air et de jour.

18. Si l'on veut mettre sur ce mur des chardons ou des grilles de fer, ils y doivent être, s'ils sont posés à frais communs, mis et scellés sur le milieu de l'épaisseur ; si c'est aux dépens d'un seul, il doit les faire mettre plus près du parement du mur de son côté.

19. Les murs mitoyens doivent être construits en bons moëllons et non en plâtre ; ils sont construits à frais communs et sur terrain commun. Cependant, si par une inégalité de terrain, due purement à la nature, le fonds supérieur forme une espèce de terrasse, le mur qui soutient ces terres est considéré comme une dépendance et, en conséquence, appartient au propriétaire du fonds supérieur ; la partie du mur au-dessus, qui doit avoir la hauteur légale mesurée du terrain supérieur, est construite à frais commun et demeure mitoyenne, tandis que celle infé-

rieure reste au compte du possesseur du fonds le plus
élevé sans aucune indemnité de surcharge.

20. Il en est autrement si l'inégalité des terrains
provient du fait de l'un des voisins, soit parce qu'il
aurait élevé son terrain, soit parce qu'il l'aurait
abaissé en creusant des caves ou souterrains. Dans
l'un ou l'autre cas, c'est à celui qui a causé l'inégalité des terrains, à faire à ses frais le contre-mur de
terrassement ou de soutènement et de le monter jusqu'au niveau du terrain le plus élevé. Ce mur de soutènement lui appartient exclusivement ; il doit l'entretenir et il ne lui est rien dû pour la surcharge du
mur mitoyen qui est élevé au-dessus jusqu'à la hauteur légale.

21. Lorsque l'on construit un mur mitoyen dans
Paris et ses faubourgs, pour la première fois, et pour
séparer deux héritages qui n'ont pas encore été séparés,
l'usage est de donner 28 pouces d'épaisseur au mur
pris par moitié sur chacun des héritages ; et si l'un
des voisins a besoin qu'il soit plus épais, il est tenu
de fournir sur son fonds l'excédent de largeur pour
l'asseoir et l'excédent de dépense qu'a occasionné cet
excédent d'épaisseur.

22. Mais quand on construit un mur à la place
d'un ancien mur, mauvais ou démoli, l'un des voisins
ne peut pas contraindre l'autre à le faire plus épais
qu'il n'était.

23. La partie en fondation des murs de clôture
mitoyens depuis la base ou s'ils sont de fond jusqu'au
rez-de-chaussée, doit être construite en moëllons et
libage de bonne qualité, etc., avec bon mortier d'un
tiers de chaux et de deux tiers de bon sable (le plâtre
est interdit pour ces parties de mur). Ceux au-dessus
doivent être élevés en retrait de trois pouces (8 cent.)
de chaque côté ; ainsi le mur en élévation ayant

49 centimètres (18 pouces) par le bas, le mur de fondation doit avoir 65 centimètres (2 pieds) d'épaisseur ; les murs en élévation sont hourdis de plâtre passé au panier.

24. L'épaisseur des murs de clôture la plus usitée est de 49 centimètres. Mais il n'y a pas d'usage constant là-dessus ; elle n'est pas invariablement fixée ; elle est arbitraire. Les uns donnent une épaisseur de 18, les autres de 15 pouces et moins ; c'est pourquoi un propriétaire ne peut pas contraindre son voisin de donner 18 pouces à un mur de clôture ; il faut qu'ils conviennent et s'accordent là-dessus.

25. Si deux héritages situés dans Paris ou ses faubourgs se trouvent séparés par une clôture en planches, charpente et maçonnerie, l'un des voisins peut contraindre l'autre à contribuer à la construction d'un mur à la place de la cloison et à fournir le fonds pour l'épaisseur du mur, chacun par moitié de son côté également ; cet usage est basé sur la sûreté publique qui le requiert.

IV

26. Louage de Domestiques et Ouvriers
(Articles 1780, 1134, 1159 Code Civil).

---

27. Domestiques attachés à la personne.

28. Il est d'usage constant et général que les domestiques attachés à la personne et loués pour une période indéterminée ont droit à un délai de congé de huit jours et que, réciproquement, les maîtres ont droit au même délai. A défaut de délai de congé, la partie brusquement congédiée a droit à une indemnité de huit jours égale au montant du salaire en argent pendant les huit jours sans qu'il soit tenu compte pour le calcul de l'indemnité des prestations en nature.

29. Il est dû au domestique congédié deux heures par jour pour chercher un nouvel emploi, de deux à quatre heures après-midi. Il lui est également dû un certificat légalisé soit par le Commissaire de police, soit par le Maire, soit par le Juge de paix.

30. Le droit au congé ou à l'indemnité commence à courir à partir du jour de l'entrée en place.

31. La perte de l'argenterie doit être supportée par le domestique qui l'a prise en charge ; il en est de même à l'égard du linge, de la vaisselle et de la batterie de cuisine ; aucune solidarité n'existe entre les domestiques. Quant à la casse et à la perte, pour être mises à la charge du domestique, le maître doit établir la faute ou la négligence du domestique.

32. En ce qui touche les concierges, les usages qui les concernent seront indiqués plus loin au chapitre consacré aux baux des maisons.

33. Les règles relatives aux domestiques sont applicables aux femmes de ménage louées au mois et aux nourrices sèches.

34. Les femmes de ménage ne travaillant qu'une partie de la journée et payées à la journée ou à l'heure ou au mois, n'ont droit à et ne doivent ni délai de congé ni indemnité.

35. Les nourrices au sein engagées au mois ont droit à un congé ou à une indemnité d'un mois et réciproquement elles doivent le congé ou l'indemnité d'un mois. Les autres règles qui régissent les domestiques leur sont applicables.

36. Employés et Ouvriers attachés à la profession.

37. Les employés de commerce ont, en général, et sauf les exceptions ci-après, droit à et doivent un congé de quinze jours ou une indemnité correspondante au traitement pendant ces quinze jours.

38. Le délai de congé ou l'indemnité est, en général et sauf les exceptions ci-après, pour les ouvriers attachés à la profession, de huit jours.

Pour tout le reste, les règles sont les mêmes que pour les employés de commerce.

39. Les règles relatives aux employés de commerce sont toutes applicables aux professeurs employés dans les institutions, sauf le délai de congé qui est d'un mois.

40. Il n'existe ni délai de congé, ni indemnité pour les catégories suivantes d'ouvriers :

Ouvriers raffineurs ; ouvriers tanneurs ; mégissiers ; ouvriers boulangers ; ouvriers du bâtiment ; mécaniciens ; ouvriers pâtissiers ; garçons de cafés et de marchands de vins ; ouvriers abatteurs de porcs ; bateliers, sauf les conducteurs de péniches qui ont droit à huit jours ; charretiers, cochers de fiacres ; ouvriers déménageurs. Il est bon de remarquer, à cause de la controverse à laquelle a donné lieu la question, que les ouvriers bouchers ne sont pas compris dans les catégories d'ouvriers qui n'ont droit ni au congé ni à l'indemnité. Il leur est donc dû et ils doivent le congé ou l'indemnité de huit jours.

41. Dans les raffineries il est d'usage constant que patrons et employés se doivent un congé d'un mois ou une indemnité égale au traitement pendant un mois.

42. Pour les ouvrières blanchisseuses de fin, le congé ou l'indemnité n'est que d'une journée.

43. La corporation des tailleurs est soumise aux usages suivants :

1° *Coupeurs et apprêteurs.* — Au mois, à la quinzaine ou à la huitaine ; la première période est considérée comme essai ; le patron comme l'employé peuvent se quitter instantanément sans aucune indemnité. La deuxième période commencée, le délai-congé devient exigible de part et d'autre en adoptant le mode de paiement. Deux heures par jour sont accordées à l'employé d'accord avec son patron pour en choisir le moment. Mais aussitôt que l'employé est assuré d'un autre emploi, les deux heures sont supprimées ;

2° *Pompiers et pompières.* — Sont à l'heure, payés chaque semaine, peuvent quitter leur emploi immédiatement. Le patron a le même droit. Il n'existe aucun délai - congé et il ne peut y avoir aucune demande d'indemnité. Tous pompiers et pompières doivent faire les réparations dans les mêmes conditions que la pompe.

3° *Appiéceurs. Culottiers et culottières. Giletiers et giletières.* — Ces ouvriers travaillent aux pièces ; il n'y a aucun délai de congé ni de dernière pièce à faire ; patrons et ouvriers peuvent se quitter instantanément, à la condition cependant que le travail en mains soit fait comme il faut et dans un délai maximum de huit jours.

4° *Accidents.* — L'ouvrier ou l'ouvrière à qui il arrive un accident involontaire à la pièce qu'il a eue en main, le patron doit fournir l'étoffe en remplacement ; l'ouvrier doit faire le travail à ses frais.

44. Les patrons sont tenus, lorsqu'ils donnent une pièce à faire, de remettre à l'ouvrier un bon portant le prix de la façon. L'ouvrier ne doit s'en dessaisir que lorsqu'il en a touché le montant.

45. Dans la corporation des chemisiers de gros et de détail, le premier mois qui suit l'engagement des employés manutentionnaires est à l'essai de part et d'autre.

46. Le délai-congé pour les coupeurs et employés est de un mois.

47. Dans le gros, le délai-congé pour les coupeurs est basé sur le mode de paiement avec un minimum de huit jours.

48. Dans les maisons où la nourriture entre en ligne de compte avec les appointements, l'indemnité mensuelle est fixée à 82 fr. 50.

49. Dans les maisons où la nourriture fait l'objet

d'une allocation journalière, l'indemnité est fixée à 2 fr. 75 par jour de présence.

50. En cas de chômage, l'obligation des vacances non payées au coupeur et non acceptées par lui, donne lieu à l'application du délai-congé en faveur du coupeur ou de l'employé. Une vacance imposée ne peut faire l'objet d'un cas de renvoi ; c'est-à-dire qu'après une vacance imposée, un patron ne peut remercier un employé ou un coupeur sans lui donner un mois de délai-congé. La réciprocité dans ce cas ne peut être exigée.

51. Les règles relatives aux deux heures par jour pour chercher un emploi est applicable à toutes les professions dans lesquelles il existe un délai de congé.

52. Quant au certificat légalisé ainsi qu'il a été dit pour les domestiques attachés à la personne, il est également dû à tous les employés ou ouvriers attachés à la profession.

53. La règle est également la même pour la perte et pour la casse.

V

54. Baux verbaux et locations en garni.

***

55. Lorsqu'il s'agit de jardins potagers ou maraîchers sans habitation, le bail est censé fait pour l'année entière avec entrée en jouissance au 1er octobre, termes de paiement : janvier, avril, juillet, octobre et obligation de donner congé six mois à l'avance avant le 1er avril pour le 1er octobre.

56. Lorsqu'il s'agit de : Maison entière ; maison ou portion de maison occupée par un commerçant ou marchand ayant boutique ou magasin de vente en gros ou en détail ; maison ou portion de maison occupée par un aubergiste ou maître-d'hôtel, un entrepreneur de roulage, une entreprise de messagerie, une entreprise commerciale, un maître de poste, un artisan tel que maréchal, serrurier, charpentier, menuisier, etc. ; atelier d'une fabrique de tannerie, de chapellerie, de teinturerie, d'imprimerie ; usines telles que moulins, fouloir, filature, papeterie, haut fourneau, forge, four à briques, four à chaux, four à plâtre, usine à gaz, verrerie, boulangerie, etc., la durée des baux verbaux est subordonnée aux délais adoptés par l'usage pour les congés. L'entrée en jouissance peut avoir lieu à chacun des quatre termes de l'année qui commencent le 1er des mois de janvier, d'avril, de juillet et d'octobre, à midi ; lorsque les lieux sont encore occupés par le locataire sortant,

cette entrée en jouissance n'a lieu que le 15 pour
les baux verbaux de maison entière, corps de logis
entier, magasin et boutique sis à rez-de-chaussée et
ouvrant sur rue, passage public et cour marchande.
Les usages de Paris reconnaissent trois délais divers
à observer pour les congés ; ces délais se règlent sur
le taux du loyer, la nature des lieux loués et la profession ou fonction des locataires ; ils sont, suivant les
circonstances, de six mois, de trois mois, ou de
six semaines ; congés à six mois, congés à trois mois,
congés à six semaines.

57. Pour les maisons entières, portions de maisons,
quelle que soit d'ailleurs la destination des lieux
loués, d'après l'usage qui embrasse dans sa généralité
tous les baux des maisons, portions de maisons ou
bâtiments quelconques, il faut distinguer : 1° S'il
s'agit d'une maison entière ; 2° d'un corps de logis
entier ; 3° si les lieux loués alors même qu'ils ne for-
ment pas corps de logis entier, sont des magasins ou
boutiques à rez-de-chaussée ; ouvrant sur rue, passage
public ou cour marchande avec libre accès au public.
Dans les trois cas ci-dessus énumérés, et quelque
minime que soit le prix de la location, l'usage pres-
crit un délai de six mois pleins pour les congés réciproques, qui peuvent être également donnés au plus
tard le 31 décembre pour sortir au terme de juillet ;
le 31 mars pour sortir au terme d'octobre ; le 30 juin
pour sortir au terme de janvier ; le 30 septembre
pour sortir au terme d'avril.

58. Tous autres baux verbaux qui ne présentent
pas une de ces circonstances de maison entière, de
corps de logis entier, magasins ou boutiques sis à rez-
de-chaussée et ouvrant sur rue, passage public ou cour
marchande avec libre accès au public (sauf les exceptions relatives à certaines professions énoncées ci-après)
sont soumis par l'usage aux délais de trois mois ou de

six semaines, suivant le taux du loyer, comme il est expliqué pour ces sortes de locations.

59. Ainsi l'usage ne permet pas un délai de six mois pour les congés réciproques de logements situés au premier étage, servant de magasin de vente, non plus que pour les magasins ou boutiques sis à rez-de-chaussée, lorsque les magasins ou boutiques n'ouvrent que sur cour privée et non sur rue, passage public ou cour marchande ayant libre accès au public.

60. Lorsqu'il s'agit : d'un maître de pension, d'un maître d'externat, d'un commissaire de police, d'un percepteur, la durée des baux verbaux est subordonnée aux délais adoptés par l'usage pour les congés ; l'entrée en jouissance peut avoir lieu à chacun des termes de janvier, avril, juillet ou octobre, à midi ; les termes de paiement sont fixés comme pour les autres locations. L'usage permet un délai de six mois pour les congés donnés non seulement aux maîtres de pensions, mais encore aux maîtres d'externats, aux commissaires de police, percepteurs de contributions directes et autres personnes exerçant des professions les obligeant à se loger dans un quartier déterminé. Cet usage, établi uniquement en vue de la difficulté pour ces personnes de trouver des logements dans le même quartier, est strictement restreint à la cause qui l'a fait admettre.

Les bailleurs, vis-à-vis cette classe de location, ne peuvent exiger un délai plus long pour les congés que celui qui s'applique aux taux du loyer et ces personnes elles-mêmes peuvent donner congé en observant ce dernier délai.

61. Lorsqu'il s'agit de maison ou habitation sans boutique ou magasin, mais avec jardin, de rez-de-chaussée avec jardin, d'étage avec jardin, il faut distinguer si c'est le jardin ou l'habitation qui est l'objet principal de la location. Si le jardin est l'objet principal et essentiel, la location est présumée faite pour une année entière, l'entrée en jouissance a lieu le 1ᵉʳ octobre ; les délais de congé sont de six mois et ils doivent être donnés avant le 1ᵉʳ avril pour le 1ᵉʳ octobre.

Si, au contraire, l'habitation est l'objet principal de la location, la durée des baux verbaux est surbordonnée aux délais accordés par l'usage pour les congés ; l'entrée en jouissance a lieu à l'un des termes de janvier, avril, juillet ou octobre ; les délais à observer pour les congés réciproques sont toujours subordonnés au prix de la location ; ils doivent être donnés à trois mois si le loyer excède 400 francs, et à six semaines si le loyer est inférieur à 400 francs.

62. Lorsqu'il s'agit de maison sans jardin, appartement, logement, chambre, la durée des baux verbaux est subordonnée aux délais adoptés par l'usage pour les congés. L'entrée en jouissance a lieu à l'un des quatre termes de janvier, d'avril, de juillet ou d'octobre ; lorsque les lieux sont encore occupés par le locataire sortant, cette entrée n'a lieu que le 15, à midi, pour les locations au-dessus de 400 francs, et le 8, à midi, pour les locations de 400 francs et au-dessous. Les termes de paiement sont les mêmes que pour les autres locations. Les délais à observer pour les congés réciproques, quelles que soient la nature et la destination des lieux loués, sont toujours fixés par le taux du loyer. Lorsque le prix locatif, tout compris, à la seule exception des portes et fenêtres qui est une charge personnelle du locataire, excède 400 francs, ne serait-ce que de quelques centimes, et lors même que le prix s'élèverait à plusieurs mille francs, l'usage en vigueur permet un délai de trois mois pour se donner réciproquement congé. Les congés doivent être donnés avant la fin de chaque terme, c'est-à-dire le 31 décembre, le 31 mars, le

30 juin, le 30 septembre au plus tard, pour la sortie des termes d'avril, de juillet, d'octobre et janvier. L'usage permet de donner congé avec délai de six semaines pour les locations qui n'excèdent pas 400 francs — 100 francs par terme — le 14 au plus tard des mois de février, mai, août et novembre, pour la sortie au terme suivant.

63. Lorsqu'il s'agit de cave, cellier, grenier à paille, fourrages, écuries, remises, ateliers d'artistes, loués isolément, les usages, relativement à la durée des baux verbaux, aux termes d'entrée en jouissance, termes de paiement et congés, sont les mêmes que pour les maisons ou appartements sans jardins.

64. — Pour la location de chantiers de bois à brûler, il existe à Paris un usage particulier qui exige une année de délai de congé pour les baux verbaux ; les congés doivent être donnés à l'époque de Pâques pour l'époque correspondante de l'année suivante. Cet usage n'est spécial qu'aux chantiers de bois à brûler et il ne s'applique pas aux chantiers de bois à ouvrer, à l'égard desquels il faut suivre l'usage général.

65. La location de la force motrice se fait pour une période de trois mois, un mois, quinze jours, une semaine et même au jour le jour. Le congé doit être donné dans un délai égal à la période convenue pour la durée de la location. Le paiement se fait à la semaine, à moins de convention contraire. Pour la location à la journée, le loyer se paie jour par jour. La location qui a eu lieu pour l'essai d'une invention, peut se faire à la journée ; le loyer se paie à la semaine ; pour la première semaine on ne paie que les journées faites ; si l'on reste plus de huit jours, le congé doit être donné une semaine à l'avance.

66. Lorsqu'il s'agit de garnis sous la dénomination de cabinet, chambre, logement, appartement : la durée des baux verbaux est surbordonnée aux délais adoptés par l'usage pour les congés réciproques. Toutefois, lorsque rien ne constate la durée de la location et que les parties sont en désaccord sur ce point, la location est censée faite au jour. L'entrée en jouissance a lieu au jour pour lequel la location a été convenue, et cette entrée en jouissance peut avoir lieu indistinctement chaque jour de l'année, la nature même de ce genre de baux n'admettant pas d'époques déterminées pour les locations. Il est d'usage de payer d'avance la location pour chaque jour ou chaque période de huitaine, de quinzaine, de mois, selon la durée de la location telle qu'elle est déterminée par l'article 1758 du Code civil. A défaut de paiement d'avance, l'hôtelier a le droit de refuser la clef, et si le locataire a emporté la clef le logeur a le droit de s'opposer à l'entrée du locataire. Les délais à observer pour les congés réciproques diffèrent suivant chaque mode de location ; la location au jour cesse par l'avertissement donné le jour même de l'avertissement, avant midi ; la location à la semaine cesse par l'avertissement donné le quatrième jour après l'entrée, avant midi ; la location à la quinzaine cesse par l'avertissement donné le huitième jour après l'entrée, avant midi ; la location au mois cesse par l'avertissement donné le quinzième jour après l'entrée, avant midi.

67. D'après l'usage général, les parties sont réciproquement et irrévocablement engagées pour le premier jour, pour la première semaine, la première quinzaine ou le premier mois, et faute d'avertissement dans les délais fixés ci-dessus, la location continue pour un nouveau jour ou une nouvelle période de semaine, de quinzaine ou de mois. Un usage différen s'est cependant introduit dans une partie du quartier Latin, particulièrement dans les 5ᵉ et 6ᵉ arrondissement (quartier des écoles) où les mutations de logements garnis sont très fréquentes. Il est admis que les logeurs ou leurs locataires peuvent réciproquement se donner congé au cours de chaque période de location et que le congé, donné avant midi, à quatre jours de la huitaine ou de la quinzaine fait cesser la location, à l'expiration des quatre jours de la huitaine, de la quinzaine franche, suivant que la location a été faite à la huitaine, à la quinzaine ou au mois.

68. En matière de location en garni, la semaine se compose de sept jours, du jour de l'entrée au jour correspondant de la semaine suivante, à midi ; la quinzaine se compose de quatorze jours, du jour de l'entrée au jour correspondant de la dernière semaine, à midi ; le mois se compose des jours existants entre la date du jour d'entrée et la date correspondante du mois suivant, à midi. En ces divers modes de location, l'heure d'entrée du premier jour n'est pas prise en considération.

69. L'usage a introduit en faveur des officiers et militaires en garnison une exception à la règle de réciprocité d'obligation de donner congé pour les chambres, logements et appartements loués en garni. Les officiers et militaires qui reçoivent un ordre de déplacement ne sont tenus, envers les hôteliers, à aucun congé sous la condition de payer le loyer au jour de départ de leur corps ou d'un ordre personnel de départ ; tandis que les hôteliers et logeurs sont tenus envers eux de donner un congé en se conformant aux délais pour les locations en garni.

70. Dans toutes les locations, l'usage à Paris permet de se dédire d'une promesse de location en rendant ou retirant dans la journée du lendemain le denier à Dieu donné ; mais cette faculté n'existe pas lorsque la location a été passée par écrit.

71. Concierges.

72. Le concierge est le préposé du propriétaire qui est responsable de ses actes dans l'exercice de ses fonctions. Le concierge est tenu de recevoir les lettres, papiers et paquets adressés aux locataires sauf les lettres ou papiers recommandés ou chargés qui doivent être remis directement aux locataires ; il doit indiquer aux locataires les noms des personnes qui viennent les demander et aux visiteurs la porte d'entrée de l'appartement ainsi que la présence ou l'absence du locataire demandé. Si un locataire a reçu chez lui un étranger dont il a donné le nom au concierge, celui-ci doit recevoir et remettre les lettres ou paquets adressés à l'étranger. Le concierge est tenu de monter les lettres ou journaux, ou paquets au moins trois fois par jour ; il doit ouvrir la porte aux locataires à toute heure du jour ou de nuit qu'ils se présentent. Il est tenu, en cas de déménagement d'un locataire, de donner sa nouvelle adresse pendant un an à partir du jour de la sortie.

73. État des lieux.

74. Lorsqu'à l'entrée ou à la sortie du locataire il est fait un état des lieux, cet état doit être contradictoire et les frais en sont supportés par le propriétaire et le locataire chacun pour une moitié.

75. Cours intérieures.

76. Dans les maisons où il y a des cours, le locataire peut y déposer son bois, le scier et le fendre. Il peut également faire entrer dans la cour les voitures des personnes qui viennent en visite et celles destinées à son usage. Le secouage des tapis dans les cours intérieures est autorisé le matin jusqu'à neuf heures en été et jusqu'à dix heures en hiver.

77. Éclairage.

78. Il est d'usage à Paris que l'escalier des maisons reste éclairé jusqu'à dix heures ou minuit, suivant l'importance de la location et le quartier dans lequel est située la maison.

79. Enseignes.

80. Il est d'usage à Paris que les enseignes extérieures soient posées soit au-dessus soit au-dessous, soit dans l'intervalle des croisées de chacun des locataires exerçant une industrie, mais de manière, toutefois, qu'elles ne dépassent point les corniches ou bandeaux séparant les divers étages de la maison.

81. Remise des Clefs.

82. Le locataire n'est tenu de rendre les clefs que le huit ou le quinze du mois à midi au plus tard, suivant que la location est de 400 francs et au-dessous ou au-dessus de 400 francs. Cet usage s'applique à toute espèce de locations sans distinction entre les locations destinées à l'habitation et les autres espèces de locations. Il n'y a d'exception que pour les locations en garni pour lesquelles les entrées et les sorties s'opèrent au jour même qui a été indiqué par la convention ou par l'avertissement donné pour la sortie des lieux.

83. Écriteau.

84. L'exercice du droit du propriétaire, de mettre écriteau et de faire voir les lieux, correspond quant à la durée, à la durée même des divers délais pour les congés. Pour les congés à six mois, le propriétaire peut mettre écriteau et faire voir les lieux à partir du premier jour des deux termes avant lesquels le congé a été donné ; pour les congés à trois mois, à partir du premier jour du terme avant lequel le congé a été donné ; pour les congés à six semaines, à partir du quinzième jour du mois commençant le demi-terme avant lequel le congé a dû être donné.

85. D'après cette distinction entre les divers délais, pendant toute la durée du délai spécial pour chaque espèce de location, le propriétaire peut mettre l'écriteau et faire voir les lieux tant qu'il n'a pas définitivement trouvé de locataire en remplacement du locataire sortant. Mais ce droit ne peut être plus étendu, alors même que le locataire donne un congé plus long que ceux qui sont adoptés par l'usage ; le propriétaire ne peut mettre écriteau qu'à partir du commencement des six mois, des trois mois ou des six semaines, suivant chaque espèce de location.

86. Lorsque la faculté de sous-louer ne lui a pas été interdite, le locataire peut mettre écriteau pendant toute la durée de sa jouissance, tant que son droit n'a pas été restreint par l'existence d'un sous-locataire. Mais lorsque le locataire a précédemment sous-loué tout ou partie des lieux, l'exercice du droit de mettre écriteau et de faire voir les lieux est soumis aux règles d'usage entre propriétaires et locataires directs.

87. Lorsque le droit de sous-louer n'est pas expressément interdit au locataire, ce dernier n'a pas besoin de permission du propriétaire pour mettre écriteau. Il est d'usage que l'écriteau soit placé non sur les lieux loués, mais à la porte d'entrée de l'immeuble dans lequel est situé l'appartement ou la boutique à louer.

88. Visite des Lieux.

89. Le locataire qui a donné ou reçu congé est tenu soit de laisser la clef au concierge pour faire visiter les lieux, soit de laisser visiter lui-même tous les jours et même les jours fériés, de dix à quatre heures, pendant le délai du congé. Il est d'usage que le locataire subisse, dans la visite des lieux, la présence soit du propriétaire, soit de son représentant, soit du concierge.

90. Dans les locations en garni, le maître d'hôtel ou le logeur a le droit de faire visiter, à toute heure de la journée, sauf les limites prescrites par les convenances, eu égard à la position et aux habitudes des personnes qui sont logées chez lui.

91. Locations de Meubles.

92. D'après l'usage à Paris, les locations de meubles se font toujours au mois et le prix en est payable d'avance. Pour les faire cesser, il faut prévenir dans la quinzaine du mois courant.

93. La location des tableaux est faite au mois, payable d'avance, et elle cesse à l'expiration du mois sans qu'il soit nécessaire de donner congé ; seulement on est tenu de payer la quinzaine si on a commencé un nouveau mois.

94. Il n'y a aucun congé pour les pianos et autres instruments de musique ni pour les voitures. Mais le mois ou la quinzaine commencée est due.

————————

VI

95. Réparations locatives.

(Articles 1752 et 1755 Code Civil.)

---

96. L'usage met à la charge du locataire d'autres réparations locatives ou de menu entretien que celles énumérées en l'article 1754 du Code civil.

97. On considère comme réparations locatives toutes celles qui ont coutume de provenir du fait ou de la faute des locataires ou de leurs gens, et ne proviennent pas de la vétusté ou de la mauvaise qualité des parties dégradées, ou de force majeure dont le locataire n'a pu empêcher les effets.

98. Sont considérées comme réparations locatives, à la charge du locataire, d'après l'usage, savoir :

99. *Carreaux.* — Les carreaux, soit de marbre, soit de pierre, soit de terre cuite, lorsqu'il y en a de manquants ou cassés, doivent être remis et remplacés aux dépens du locataire. Il n'en est pas de même s'ils sont usés par la vétusté ou de mauvaise qualité, ou que l'humidité les a fait pourrir ou feuilleter, ce qui peut arriver dans les bas étages.

Il n'est pas tenu non plus des carreaux cassés par la charge des cloisons ou lambris posés dessus.

100. *Parquet.* — Au parquet, lorsqu'il y a quelques panneaux cassés ou enfoncés par violence, le locataire en est tenu, comme aussi s'il a roulé quelques tisons de feu sur le parquet, le locataire est tenu du dommage.

101. *Vitres*. — Le lavage des vitres est une réparation locative.

102. Les vitres cassées ou félées sont à remettre par le locataire.

103. Les pièces de verres des panneaux en plomb sont comme les carreaux de verres ; il n'y a que lorsqu'il s'agit de remettre ces panneaux en plomb neuf que le plomb est alors à la charge du propriétaire. Si les plombs ne valent rien par vétusté, le locataire n'est tenu que des pièces de verre qui manquent ; si les plombs étaient détruits par quelque effet forcé, le locataire en serait tenu.

104. *Croisées — Volets — Contrevents — Portes*, *etc*. — Les croisées, volets, contrevents et portes, les chambranles, les fermetures de boutiques et autres fermetures, les lambris d'appui, les lambris à hauteur de plancher, les cloisons et toutes les menuiseries dépendant d'une maison sont à la charge du locataire, à moins qu'ils soient usés par vétusté.

105. Si le locataire a fait percer un trou de chatière, le propriétaire est en droit de faire remettre une planche entière à cette porte aux frais du locataire. Il en est de même si le locataire a fait placer une seconde serrure à une porte et qu'à ce sujet il ait fait des entailles pour la mettre en place, quand ce ne serait qu'un trou pour passer la clef, le propriétaire peut exiger qu'on remette une planche neuve à la place de celle qui a été percée.

106. Les dessus de portes et autres tableaux avec leurs bordures, de même que tous les ornements sont à la charge du locataire ; si quelques-uns viennent à être brisés pendant son occupation et si ces tableaux sont tellement endommagés qu'ils ne puissent pas être raccommodés, le locataire est tenu de rembourser le propriétaire selon estimation ; il en est de même pour les ornements de sculpture s'ils ont été brisés par violence.

107. *Cheminées — Trumeaux — Glaces.* — Les dessus de cheminées, les trumeaux et les glaces, s'ils venaient à être cassés, sont à la charge du locataire, qui est tenu d'en faire remettre des neufs, de même qualité, volume et perfection, les morceaux lui restant.

108. Si, cependant, le locataire peut prouver que les glaces ont été cassées par l'effet des parquets ou par quelque tassement ou gonflement des plâtres en se descellant, dans ce cas, les glaces sont pour le compte du propriétaire.

109. *Papiers de tenture — Peintures.* — Le locataire doit remplacer les papiers de tenture et les peintures si leur détérioration, même minime, provient de son fait. Mais cette obligation n'existe que pendant trois ans, à partir de l'entrée en jouissance, ou de la pose des tentures et de la confection des peintures. Après ce délai, les détériorations sont présumées provenir de l'usure et de la vétusté, et leurs réparations sont à la charge du propriétaire.

110. *Balcons — Grilles.* — Les balcons et grilles en fer, à barreaux, ou autrement sont à la charge du locataire, s'il y manque quelque enroulement ou barreau ou qu'ils aient été cassés avec effort ; les treillis en fils de fer ou de laiton, sont aussi à la charge du locataire, s'ils sont rompus par la violence et non par la vétusté.

111. *Serrures.* — Toutes les serrures des portes, croisées et armoires et autres fermetures, sont aussi à la charge du locataire, si elles manquent ou si elles ont été cassées par violence.

112. Le locataire est aussi chargé de l'entretien de ces serrures, de telle sorte qu'elles doivent être en état de bien fermer et ouvrir lorsqu'on quitte les lieux. De même pour les accessoires des serrures, becs de canne, boutons de tirage, cadenas et verroux.

113. *Sonnettes*. — D'après l'usage, les sonnettes d'intérieur sont à la charge du locataire, et celles d'extérieur à la charge du propriétaire.

114. *Ramonage*. — Le ramonage des cheminées est une réparation locative. Les locataires sont tenus de faire ramoner assez souvent pour éviter les feux de cheminée. Si le feu prenait et faisait briser les tuyaux, le locataire serait tenu de les faire rétablir à moins qu'il ne prouvât que l'incendie ne provient pas du défaut de ramonage et de son fait.

115. *Fourneaux potagers*. — Aux fourneaux potagers, le locataire est tenu de l'entretien des carreaux, des planchers qui reçoivent les cendres des réchauds, des carreaux sur le dessus des fourneaux, des scellements des réchauds et de la fermeture des réchauds potagers et des grilles lorsqu'il y en a de cassés. Quant aux fourneaux de fonte, s'il existe à la plaque mobile qui les recouvre, une félure, le locataire n'en doit pas le remplacement, cet accident étant dû à la nature même de la matière première de l'objet. Mais si cette plaque était brisée en morceaux, le locataire serait tenu de la remplacer à moins qu'il ne justifiât que la cassure provient de l'action du feu.

116. — A l'égard des paillasses de cuisine, le locataire n'est tenu d'entretenir que le carreau de dessus. On entend par paillasses des petits massifs de maçonnerie carrelée par dessus, élevés de trente à trente-huit centimètres, sur lesquels on place du charbon ou de la cendre chaude pour faire cuire les aliments.

117. *Pierre à laver la vaisselle*. — Le locataire répond des pierres à laver la vaisselle lorsqu'elles sont cassées ou écornées par son fait ; mais si dans la pierre il s'y trouvait quelques défauts qui eussent produit la dégradation, elle serait à la charge du propriétaire.

118. Lorsqu'il y a une grille sur l'orifice du tuyau propre à écouler les eaux de l'évier, le locataire ne doit pas entretenir le tuyau mais réparer la grille lorsqu'elle est rompue ou enfoncée. Le locataire n'est tenu de rétablir la jonction du tuyau à la pierre que lorsque le tuyau a été établi d'une manière stable, c'est-à-dire qu'il a été soudé à la pierre en employant du plomb et non du mortier.

119. *Bornes. Barrières dans les cours. Puits*. — Le locataire répond des barrières et des bornes qui se trouvent dans les cours ou remises dont il a la jouissance exclusive.

120. Le curage des puits est à la charge du propriétaire ; quant aux poulies, aux cordes et aux mains de fer du puits, aux poulies des greniers, aux charges des poulies, elles ne sont à la charge du locataire qu'autant qu'il en use seul, ou qu'il est principal locataire de la maison ; mais lorsqu'il y a plusieurs locataires, les objets dont il s'agit étant pour tous d'un usage commun, les locataires ne sont pas tenus des réparations, excepté celui ou ceux des locataires qui seraient reconnus être les auteurs des dégradations.

121. *Pompes*. — Pour les pompes qui servent à tirer l'eau, l'entretien et la réparation du piston de la tringle qui sert à la mouvoir et du balancier sont à la charge du locataire à moins que la pompe ne serve à plusieurs locataires et ne soit d'un usage commun, auquel cas son entretien est à la charge du propriétaire ou du principal locataire quant à ces objets comme le reste de la pompe.

122. *Jalousies. Stores.* — L'entretien des jalousies de croisées à cordon, mouvements, fils de fer et cordons de sonnettes, ainsi que des stores tant des croisées que des cheminées, est à la charge du locataire. Il n'est pas tenu de la peinture des jalousies, excepté pour les parties dont il aurait dû faire réparer le bois.

123. *Ecuries. Râteliers.* — Les râteliers et leurs roulons, le pilier et les barres servant à séparer les chevaux entre eux, sont entretenus par les locataires, à moins qu'ils ne soient détruits par la vétusté ou force majeure.

124. *Tuyaux de descente.* — Il est d'usage de ne pas mettre à la charge du locataire les tuyaux de descente établis pour conduire les eaux pluviales ou ménagères à moins que sa faute personnelle ne soit établie. Les mêmes principes s'appliquent aux tuyaux de descente des cabinets d'aisance.

125. *Robinets d'eau.* — L'entretien des robinets d'eau est à la charge du propriétaire, à moins qu'il ne soit établi que le dégât provient du fait du locataire.

126. *Objets communs. Escaliers. Passages. Cours.* — Le locataire n'est tenu qu'aux réparations des lieux qu'il occupe exclusivement.

127. Il n'est tenu des dégradations des lieux dont il jouit en commun avec d'autres locataires, qu'autant qu'il est prouvé qu'elles proviennent de son fait ou du fait des personnes dont il répond. Dans le cas contraire, elles restent à la charge du propriétaire.

128. *Appareils à gaz. Fuites. Dégradations.* — Les réparations des fuites et des dégradations survenues à des appareils à gaz sont au nombre des réparations locatives à la charge du locataire pour toute la partie de l'appareil d'éclairage dont il jouit exclusivement.

129. *Plombs. Fers volés.* — Les plombs, les fers et autres objets dépendant d'une maison qui viennent à être volés, doivent être rétablis aux frais du locataire, à moins qu'il ne justifie qu'on ne peut lui imputer aucune négligence ou défaut de précaution.

130. *Principal locataire.* — Lorsqu'une maison est louée à une seule personne pour l'occuper en entier ou pour la sous-louer, elle répond de toutes les parties de l'objet envers le propriétaire. A l'égard de ceux à qui elle sous-loue, elle exerce les mêmes droits que le propriétaire. En conséquence, s'il y a plusieurs sous-locataires, le locataire principal supporte seul les réparations des objets ou lieux à usage commun de tous ou plusieurs sous-locataires, sauf son recours contre celui d'entre eux qui a causé les dégradations.

131. *Comment doivent être faites les réparations et à quelle époque.* — Le locataire, en faisant les réparations locatives, n'est pas tenu de rendre les choses meilleures qu'elles n'étaient ; il doit seulement les rendre dans le même état qu'il les a reçues, en tenant compte de l'usure provenant d'une jouissance normale.

132. Il n'est pas tenu ordinairement de faire les réparations pendant la durée du bail ; cependant les dégradations qui pourraient porter préjudice à la propriété doivent être réparées aussitôt qu'elles sont commises, et le propriétaire peut y contraindre le locataire : carreaux de vitre cassés, volets, etc.

133. Quant aux autres réparations qui ne sont pas urgentes et qui peuvent se différer sans compromettre les intérêts du propriétaire, l'usage est de ne les exiger que le jour de la sortie, de telle sorte que lorsque le locataire quitte les lieux, il doit avoir fait toutes les réparations dont il est tenu, sous peine de dommages-intérêts envers le propriétaire.

134. *Constructions élevées par le locataire*. — Si un locataire a fait élever des constructions à ses frais, d'après la faculté à lui accordée par le bail et sous la condition qu'à la fin du bail, ces constructions resteront au propriétaire, il doit faire à ces constructions toutes les réparations qui sont à la charge du locataire.

135. *Changements faits par le locataire*. — Si le locataire a fait des changements dans les lieux loués, il est tenu, si le propriétaire l'exige, de remettre les lieux en l'état où ils se trouvaient au moment du bail ; il a aussi la faculté de les enlever sous la même condition, et le propriétaire ne peut pas le contraindre à les lui abandonner, même en lui offrant la valeur, à moins qu'ils ne paraissent par leur nature avoir été mis à perpétuelle demeure et qu'ils ne puissent être détachés sans dégradation pour l'immeuble.

136. Dans tous les cas, le choix entre la démolition des changements opérés et le rétablissement des lieux dans leur état primitif, ou bien la conservation des objets nouveaux, moyennant indemnité, appartient au propriétaire seul.

137. Le locataire, encore que le propriétaire ne lui en paie pas la valeur, ne peut dégrader, ni détériorer les peintures qu'il aurait fait exécuter sur les murs ou ailleurs, ni déchirer ou même gâter les papiers qu'il aurait fait coller sur les murs, sous peine de dommages-intérêts ; enfin il ne peut rien faire qui soit ou puisse être un mal pour autrui sans intérêt pour lui.

138. *Réparations nécessaires ou utiles faites par le locataire*. — Si pendant la durée du bail le locataire a fait des réparations *nécessaires* que le bailleur aurait dû être forcé de faire, le locataire a le droit d'en exiger une indemnité à sa sortie, à condition qu'il prouve la nécessité des réparations [1].

139. Mais s'il s'agit de réparations ou d'améliorations simplement utiles, le locataire ne peut s'en rembourser ; mais à défaut d'indemnité de la part du propriétaire, le locataire peut enlever ce qu'il a cloué, mais à charge de rétablir les lieux dans leur état primitif.

140. *Arbres, arbustes*. — Le locataire ne peut emporter les arbres qu'il a plantés dans le jardin ; mais le propriétaire doit lui en payer la valeur. Cependant le propriétaire peut se refuser à payer cette indemnité en permettant au locataire l'enlèvement des arbres. Il en est autrement des plantes abrisseaux, arbustes, que le locataire peut enlever à la fin du bail, à moins qu'ils ne remplacent d'autres arbustes qui existaient lors de son entrée.

141. *Jardin*. — Si un jardin dépend d'une maison ou d'un appartement loué, le locataire est tenu de tenir en bon état les allées sablées, les parterres, les plantations, les bordures, les gazons ; les arbres et les arbustes doivent être rendus en même nature et de même espèce qu'ils étaient au commencement du bail, et s'il en meurt quelques-uns, le locataire devra les remplacer.

142. Les treillages placés le long des murs ou des autres parties du jardin, en telle forme qu'ils puissent

---

[1] Il est prudent, en pareil cas, avant de faire procéder aux réparations, de demander en référé la nomination d'un expert chargé de constater la nécessité des réparations et de se faire autoriser par le juge des référés à y procéder.

être, telles que palissades, berceaux, portiques, sont à la charge du propriétaire, à moins qu'il ne prouve que ces objets ont été détériorés par le fait du locataire ou par violence.

143. — Si le vent avait jeté en bas ou rompu des portiques, des treillages, le propriétaire serait censé ne pas avoir pris les précautions nécessaires pour la solidité de ces portiques.

144. — Les échalas de manque sont à la charge du locataire, à moins que le reste du treillage laisse voir qu'ils ne manquent par vétusté.

145. Dans les bassins ou jets d'eau, le locataire n'est tenu que de l'entretien des conduites en fer, en plomb ou en grès ; quand il y a laissé des eaux et que la gelée a fait crever ces tuyaux, le locataire est tenu de les réparer parce que cet événement provient de sa faute ; mais quand les eaux des bassins viennent par des canaux publics, comme il n'est plus possible de vider les bassins et les conduites, les accidents causés par la glace sont à la charge du propriétaire.

146. A l'égard des vases, des pots de fleurs et des bancs qui servent à l'ornementation du jardin, il faut distinguer :

147. Les vases de faïence sont à la charge du locataire, ainsi que ceux de fonte, de fer et les caisses en bois, de même que les bancs en bois peint.

148. Mais les vases en terre cuite et ceux en marbre ou en pierre ne sont pas à sa charge, non plus que les bancs en pierre, à moins qu'il ne soit manifeste qu'ils ont été brisés par violence, parce que l'intempérie de l'air suffit pour détruire les vases de marbre, de pierre ou de terre cuite, ainsi que les bancs en pierre qui peuvent en outre se casser par leur propre poids.

149. Il en est de même pour les figures de marbre, en pierre, en terre cuite et pour les plâtres.

150. L'usage dispense le locataire de certaines des réparations indiquées en l'article 1754.

Par exemple : si les pièces des appartements ne sont pas carrelées, on ne considère pas comme réparation locative les trous qui se font dans les aires du plâtre, la raison en est que le moindre effritement suffit pour occasionner des trous, et dès lors on ne peut pas dire qu'ils proviennent de la faute du locataire ; c'est une dégradation résultant de la mauvaise qualité ou confection de l'objet dégradé. Les sols bitumés sont assimilés aux aires en plâtre.

151. Il en est de même des trous des escaliers dont les dessus sont en aires en plâtre.

Le locataire ne répond pas d'un parquet détérioré dans de grandes parties, à moins que le dommage n'ait été occasionné par son fait, ce que le propriétaire doit toujours prouver ; on considère ces grandes réparations comme nécessitées par la vétusté ou la mauvaise qualité de confection du parquet. Si la dégradation est peu importante, elle est présumée faite par le locataire.

152. L'entretien des pavés et carreaux dans les cours et cuisines n'est pas à la charge du locataire, lorsqu'ils ne sont qu'ébranlés et descellés, parce que le locataire par de continuels lavages, cause ordinaire de ces ébranlements, ne fait qu'user des lieux. Lorsque la maison est occupée par plusieurs locataires, on met à la charge du propriétaire les réparations locatives des lieux à l'usage de tous, tels que les escaliers, les cours, les corridors, la pompe, etc. Car la présomption que la loi élève contre le locataire qui occupe exclusivement ne peut être invoquée, lorsque les lieux sont communs à tous les habitants de la maison ou à plusieurs, sauf, bien entendu, le recours du propriétaire contre le locataire auteur des dégradations, si ce locataire est connu.

153. Dans les hôtels garnis, le locataire ne doit pas de réparations locatives ; il ne doit compte que des dégradations commises par lui ou les personnes qu'il reçoit.

154. Mais dans les locations d'appartements meublés, le locataire doit les réparations locatives ordinaires.

155. Les réparations locatives des logements, appartements ou édifices des usines sont les mêmes que pour les maisons ordinaires, et sont comme celles-ci dues par les locataires.

156. Dans les baux d'usines, de cours d'eaux, etc.. il existe diverses réparations que l'usage a distingué de la manière suivante :

157. Les grosses réparations qui sont à la charge du propriétaire, et les réparations d'entretien qui se subdivisent en deux espèces : les réparations de gros entretien qui sont à la charge du propriétaire, et les réparations de menu entretien ou les réparations locatives que le locataire doit supporter.

158. Dans les moulins, tous les tournants et travaillants, meules, câbles, harnais, ustensiles, doivent être entretenus par le locataire ; mais avant l'entrée en jouissance on fait un état ou estimation de toutes ces choses, et à la fin du bail on fait encore une autre estimation. Si l'estimation ou prisée de la fin est plus forte que la première, le propriétaire rembourse le locataire du surplus ; si, au contraire, la dernière estimation ou prisée est plus faible que la première, le locataire sera tenu de rembourser le propriétaire.

Pour les boulangeries, l'usage est que le propriétaire

entretient les murs, la voûte du dessous du four, la cheminée et les tuyaux du four, sauf l'abus de jouissance. Le locataire n'est tenu que de l'aire du four, soit qu'il soit de terre, soit qu'il soit de carrelage de terre cuite, et de la chapelle du four qui est la voûte de briques ou de tuileaux qui couvre le four ; laquelle voûte reçoit l'impression du feu plus ou moins, suivant l'usage que l'on fait du four.

TABLE DES CHAPITRES

I. Distances à observer entre les héritages pour les plantations 1*

II. Distances et ouvrages intermédiaires requis pour certaines constructions 4

III. Clôtures. 16

IV. Louage de domestiques et ouvriers.... 26

V. Baux verbaux et locations en garni.......... 54

VI. Réparations locatives...... 95

* Les numéros indiqués aux tables sont ceux des paragraphes.

TABLE ALPHABÉTIQUE

A

Abatteur de porcs, **40**.
Accident (tailleur), **43**.
Adresse d'ancien locataire, **72**.
Appareils à gaz, **128**.
Appartement, **62**.
Appartement meublé, **66**, **154**.
Appiéceur, **43**.
Apprêteur, **43**.
Arbres, **2**, **140**, **141**.
Arbustes, **140**, **141**.
Argenterie, **31**.
Armoires, **111**.
Atelier d'artistes, **63**.
Atres, **5**, **6**.

B

Bail verbal, **54**, **55**, **56**, **58**.
Balcon, **110**.
Barrières, **119**.
Batelier, **40**.
Batterie de cuisine, **31**.
Blanchisseuse de fin, **42**.
Bois à brûler, **64**.
Bornes, **119**.
Boucher, **40**.
Boulanger, **40**, **56**, **158**.
Boutique, **56**, **57**.

C

Cabinet d'aisances, **5**.
Câble, **120**.
Café, **40**.
Carreaux, **99**, **152**.
Carrières, **14**.
Casse, **31**, **53**.
Cave, **20**, **63**.
Cellier, **43**.
Certificat, **29**, **52**.
Chambranle, **107**.
Chambre, **62**.
Chambre meublée, **66**.
Changement par locataire, **135**, **136**.
Chantier de bois à brûler, **64**.
Chantier de bois à ouvrer, **64**.
Chapelier, **56**.
Chaperon, **17**.
Chardons, **18**.
Charpentier, **56**.
Charretier, **40**.
Chaux, **14**.
Clefs, **67**
Cheminée, **5**, **107**.
Chemisier, **45**, **46**, **47**, **48**, **49**, **50**.
Citernes, **15**.
Cloisons, **8**, **25**, **99**.

Clôtures, **16, 25**.
Cocher, **40**.
Commerçant, **56**.
Commissaire de police, **29, 60**.
Concierge, **32, 71, 72**.
Conducteur de péniches, **40**.
Congé, **28, 29, 30, 33, 34, 35, 37, 38, 46, 47, 51, 57, 58, 62, 67**.
Constructions élevées par le locataire, **134**.
Contre—mur, **5, 7, 8, 9, 11, 12, 13**.
Contrevent, **104**.
Corps de logis, **56**.
Coupeur, **43, 46, 47, 50**.
Cour intérieure, **75, 76, 126**.
Cour marchande, **57**.
Cours d'eau, **156**.
Croisées, **104, 111, 122**.
Cuisine, **7, 9**.
Culottier, **43**.
Curage des puits, **120**.

D

Déménageur, **40**.
Denier à Dieu, **70**.
Deux heures par jour, **29, 51**.
Distances, **1, 4**.
Domestiques, **28, 29**.

E

Echalas, **144**.
Eclairage, **77, 78**.
Ecriteau, **83, 84, 85, 86, 87**.
Ecurie, **63, 123**.
Employé de commerce, **36, 37**.
Enseigne, **79, 80**.

Entrée en jouissance, **55, 57' 68**.
Entrepreneur de roulage, **57**.
Escalier, **126**.
Espalier, **3**.
Etat des lieux, **73, 74**.
Etudiant, **67**.

F

Faculté de sous-louer, **86**.
Femme de ménage, **32, 34**.
Filature, **56**.
Force motrice, **65**.
Forge, **6, 10, 56**.
Fosse d'aisances, **5, 11, 12**.
Fossé, **5**.
Four, **6, 56, 158**.
Fourneau, **6, 56**.
Fourneau potager, **7 9, 115**.

G

Garnis, **66**.
Gelée, **145**.
Giletier, **43**.
Glace, **107, 108**.
Grenier, **120**.
Grenier à fourrages, **63**.
Grenier à paille, **63**.
Grilles, **18, 110, 118**.
Grosses réparations, **157**.

H

Hôtel, **56, 153**.

I

Imprimeur, **56**.
Indemnité, **28**.
Instruments de musique, **94**.

J

Jalousie, **122**.
Jardin, **25**, **61**, **141**, **146**.
Juge de paix, **29**.

L

Légalisation, **29**.
Lettres, **72**.
Limonadier, **40**.
Linge, **31**.
Location à la journée, **67**.
Location à la semaine, **67**, **68**.
Location à la quinzaine, **67**.
Location au mois, **67**.
Location de meubles, **91**, **92**.
Locations verbales, **54**, **55**, **56**, **58**.
Location de force motrice, **65**.
Logement, **62**.
Logeurs, **67**, **68**, **90**.
Louage de domestiques, **26**.
Loyer d'avance, **67**.

M

Magasin, **13**, **56**, **57**, **59**.
Maire, **29**.
Maison avec jardin, **2**, **5**, **61**, **141**, **146**.
Maison entière, **56**.
Maîtres, **28**.
Maître d'externat, **60**.
Maître d'hôtel, **56**.
Maître de pension, **60**.
Marchand de vins, **40**.
Maréchal, **56**.
Matières corrosives, **13**.

Mécanicien, **40**.
Mégissier, **40**.
Menuisier, **56**.
Militaire, **69**.
Moëllons, **23**.
Moulin, **56**, **158**.
Mur, **3**, **15**, **20**, **22**, **23**, **24**.
Mur mitoyen, **3**, **5**, **15**, **17**, **19**, **21**.

N

Nourrice au sein, **35**.
Nourrice sèche, **32**.

O

Officier, **69**.
Ouvrages intermédiaires, **4**.
Ouvriers, **26**, **36**.
Ouvriers du bâtiment, **40**.

P

Paiement d'avance, **67**.
Paillasse de cuisine, **116**.
Palissades, **142**.
Papeterie, **56**.
Papiers, **109**.
Papier de tenture, **109**, **137**.
Paquets, **72**.
Parquet, **100**.
Passage, **57**, **126**.
Pâtissier, **40**.
Pavés, **152**.
Peintures, **109**.
Percepteur, **60**.
Perte, **31**, **53**.
Perte de l'argenterie, **31**.
Pianos, **94**.

Pierres, **14**.
Pierre à laver, **117**.
Plantations, **1, 2, 3**.
Plâtre, **14, 149, 150, 151**.
Plomb, **103, 129**.
Pompes, **121**.
Pompier (tailleur), **43**.
Porte, **105, 111**.
Principal locataire, **130**.
Professeur, **39**.
Puits, **5, 118, 120**.

R

Raffineur, **40, 41**.
Ramonage, **114**.
Râtelier d'écurie, **123**.
Remise de clefs, 67, **81, 82**.
Remise de lettres, **72**.
Réparations d'entretien, **132, 133, 138, 156**.
Réparations locatives, **95, 96, 97, 98, 121, 157**.
Réparations nécessaires, **132, 133, 138**.
Réparations utiles, **132, 133, 138**.
Réservoir d'eau, **15**.
Restaurateur, **9**.
Rez–de–Chaussée, **57, 61**.
Robinets d'eau, **125**.
Rôtisseur, **9**.

S

Serrure, **105, 111, 112**.
Serrurier, **56**.
Sonnettes, **113, 122**.
Sous location, **86, 87**.
Souterrain, **20**.
Stores, **122**.

T

Tableaux, **93**.
Tailleur, **43**.
Tanneur, **40, 56**.
Tapis, **77**.
Teinturier, **56**.
Treillages, **142, 143, 144**.
Trou de chatière, **105**.
Trumeaux, **107**.
Tuyaux de descente, **124**

U

Urine, **5**.
Usines, **10, 56, 155**.

V

Vaisselle, **31**.
Vases de jardin, **146, 147, 148**.
Visite des lieux, **88, 89, 90**.
Vitres, **101, 102, 103**.
Voitures de louage, **94**.
Volets, **104**.

Compiègne. — Imprimerie A. MENNECIER, rue Pierre–Sauvage, 17.